# Wir fliegen,
# wo Sie wollen!

Pax vs. Check-In-Tussi

Ein erster Aufruf von

Ellen Hochstein

Die Deutsche Nationalbibliothek verzeichnet diese Publikation in der Deutschen Nationalbibliografie; detaillierte bibliografische Daten sind im Internet über http://dnb.d-nb.de abrufbar.

Covergestaltung: Torsten Clausen

Herstellung und Verlag:
Books on Demand GmbH, Norderstedt

ISBN: 978-3-837074-88-8

# INHALTSVERZEICHNIS

# I
# EIN WAHNSINNIG NORMALER TAG IN CGN

04 Uhr 30 - früh am Morgen...
Man stempelt ein, noch ohne Sorgen.
Die Uhr piepst: „Zeitbüro anrufen!"
Jetzt keine Zeit!! Auf flinken Kufen
schnell den Lidstrich nachgezogen,
in die Passage abgebogen,
schaut man auf den Tagesplan,
was man alles checken kann...


5U, EB, HWX,
Iron Air - das wird wohl nix
mit 'ner wohlverdienten Pause.
Unten geht schon ab die Sause:
Morgenpeak bei Chickenwings,
Drehkreuz AirSchwerin - was bringts?
Stresshormone früh am Morgen
und sie fangen an, die Sorgen!


„Handgepäck?? Nein, viel zu schwer!
8 Kilo und kein Grämmchen mehr!
Bei der Imbissair geht's immer??
Junge, hast du einen Schimmer;
Wenn's durch die Kabine fliegt,
den Schwung 'ner Guillotine kriegt..."

Beschwerde hier, Lead Agent dort -
Ganz normal an diesem Ort!
Spruch number one: „Warten Sie bloß,
Ich mach Sie heut´ noch arbeitslos;
krieg ich den Trolley nicht an Bord
- ja, nehmen Sie mich ruhig beim Wort -
mach ich ´ne Welle beim Pilot,
dann wünschen Sie sich, Sie wär´n tot!!!"


Schon um acht Uhr fühlt man sich
ausgesprochen gruselig.
Die „Kisten" sind nun all vom Hof,
doch schon wieder sitzt man doof
an irgendeinem Check-In rum,
denn Paxe nehmen Dir das krumm,
wenn Du zu spät den Desk besetzt,
dann wird gleich wieder losgehetzt:


„He, wo bleiben Sie denn bloß?
Mein Urlaub fängt jetzt an! Los, los,
schalten Sie die Waage an,
damit es endlich losgeh´n kann!
Ich flieg zwei Wochen nach Ibiza
und werd von Stund´ zu Stunde spitza!


Mach jetzt hin und bummel nicht,
hack ein vom Koffer das Gewicht!
Raucher, Fenster, Notausgang...
Was?? D80?? Wo geht´s lang??"

Pass abgelaufen? - BGS!
Das ist echt Last-Minute-Stress!


Schnell zum Gate, nach Reihen boarden...
Die Paxe schau´n, als woll´n sie morden:
„Ich war zuerst hier! Ich steig ein!
Ich? Warten? Kann ja gar nicht sein!
Hab´ mehr bezahlt als alle andern
und werd´ jetzt in das Flugzeug wandern!"


130 Paxe später
hört man´s schallen über´n Äther:
„Boarding complete!" - „Die Tür ist zu!"
Und endlich hat man seine Ruh´!


Doch mal ehrlich, ohne das
hätte man nicht so viel Spaß!
Sicher ist man oft gestresst,
doch wenn man dann mal Dampf abläßt,
sieht´s gleich schon wieder anders aus
und so ein Job als Check-In-Maus
ist der langweiligste nicht,
was auch dieses Buch verspricht...

## II
## VORABANSAGE
(Vorwort - oder international ausgesprochen: Forward)

Seit Jahren schon drängte sich während und nach getaner Arbeit am Flughafen immer wieder ein Gedanke auf:
„Es muß doch endlich einmal zu Papier gebracht werden, welch Kuriositäten der besonderen Art uns am Airport täglich zum Lachen, Weinen oder einfach zum Verzweifeln bringen! (Er heißt ja schließlich nicht umsonst Köln-*Wahn*.)"

Also faßte ich mir einen Kugelschreiber nebst Notitzblock und zog los, um nahezu sämtliche Kollegen nach ihren Erlebnissen mit der Spezies „Fluggast" auszuhorchen und war trotz hoher Erwartungen erstaunt, so viele denkwürdige Dialoge präsentiert zu bekommen.

Hierfür vorab ein großes Dankeschön an alle Beteiligten!

Dieses Buch ist allen Kolleginnen und Kollegen des Flughafens Köln/Bonn gewidmet und soll niemanden beleidigen, kränken oder outen. Daher habe ich die entsprechenden Namen durch andere Vornamen ersetzt und denke, die jeweiligen Kollegen werden sich (und andere) wiedererkennen...

Ein weiterer großer Dank geht an Torsten Clausen, der mich bei der Illustration dieses Werks unterstützt hat.

Falls wider Erwarten auch Non-Airliner diese Lektüre kaufen sollten, so habe ich an entsprechenden Stellen im Text Übersetzungshilfen angeführt. Es kann schließlich nicht jeder wissen, was ein Slot, ein Avih oder ein Delayreason due to late pax ist, auch wenn wir flughafenvirusverstrahlten Mitarbeiter oft gar nicht mehr merken, daß es auch ein Leben außerhalb des „aip" gibt und unsere Lieben daheim mit o.g. Phrasen schier in den Wahnsinn treiben.
An dieser Stelle entschuldige ich mich stellvertretend bei allen Leidenden!

Die folgenden Geschichten sind kurz oder bestehen gar nur aus Dialogen, damit man sie auch einmal zwischen zwei Check-Ins lesen kann, ohne den Faden zu verlieren...

Und last, but not least:
Papa, ich danke Dir für deine poetischen Gene, die mir beim Schreiben dieses Buches sehr geholfen haben!

```
*******************************************
```
## DING-DONG!
## Willkommen in Bonn!
## Köln/Bonn!
```
*******************************************
```

Meine Damen und Herren,

wir möchten Sie nun bitten, die Telefone, Kinder und andere Geräusche abzustellen und sich in Ihre Leseposition zu begeben.

Bitte beachten Sie, daß diesem Buch keine Sauerstoffmasken beiliegen. Zur Bekämpfung etwaiger Schnappatmung befragen Sie bitte Ihre Fluggastinformation oder das freundliche Check-In-Personal.

Wir bedanken uns, daß Sie heute diese Lektüre gewählt haben und bitten um Verständnis für eventuell auftretende Verwirrung.

Entschuldigen Sie kurz...

*- (der Rampagent ruft via Funk...: „Los, mach jetzt, wir haben ´nen pünktlichen Slot\*!!!")* -

Wir wünschen angenehme Unterhaltung!


\* SLOT
Zeitfenster, während dessen eine Fluggesellschaft einen Flughafen zum Starten oder Landen eines Flugzeugs benutzen kann.

# III
# READY FOR READING

## Geographieunterricht

Beim Boarding* für einen Flug nach Fuerteventura fehlen 40 Passagiere. Nach mehrmaligen letzten Abrufen riskiert Cordula einen Blick in den benachbarten Warteraum für Fluggäste nach Puerto Plata. Dieser scheint aus allen Nähten zu platzen. Cordula beschliesst, den Wartenden eine kleine Geographiestunde zu geben und macht eine Ansage via Lautsprecher:

"Dies ist der Warteraum für Fluggäste nach Puerto Plata. Puerto Plata befindet sich jenseits des Atlantik, Dominikanische Republik, gleich neben Haiti.
Dann gibt es da noch die Kanarischen Inseln, diese liegen im Atlantik knapp neben Nordafrika, gehören zu Spanien, dazu zählt unter anderem auch Fuerteventura....., sollten sich hier also wider Erwarten Fluggäste nach Fuerteventura befinden, so bitten wir diese, möglichst unauffällig diesen Warteraum zu verlassen und sich zum Gate C4 zu begeben...."

40 hochrote Schädel verlassen unter lautem Gelächter und Beifall der anderen den Warteraum und der Flug findet mit zehnminütiger Verspätung statt...

Delayreason*: Lemminge!

* Boarding
Einsteigevorgang in das Flugzeug; vergleichbar
mit Massenandrang beim Sonderverkauf einer
Playstation III für 49.- Euro im Elektrohandel an
einem Montag morgen um acht Uhr.

* Delayreason
Verspätungsgrund (muß von der Abteilung
Operations - liebevoll Ops genannt - ab einer
Flugverspätung von 5 Minuten eingegeben
werden)

## Wer lesen kann, ist klar im Vorteil

Abfertigungsschalter für die Türkei, *Dalaman*.
Vier junge Männer warten in der Schlange. Als sie
an der Reihe sind, erklärt ihnen Bini, dass sie am
falschen Check-In Schalter anstehen. Der
Schalter für den Abflug nach Mallorca sei weiter
links. Daraufhin deuten die Männer auf die
Anzeigetafel:

"Wieso falsch??? Da steht doch eindeutig dran:
BALLERMANN!"

Frage am Ticketschalter mit Blick auf die Angebotstafel:
"Entschuldigung, junge Dame, wo liegt Ohnewai*?"

*Oneway
Einfache Flugstrecke, nur Hinflug
(ausgesprochen: wonwäi)
z.B. Köln - Palma, Oneway, 89,- Euro incl. Steuern

## Das Wunder von Lourdes

Hin und wieder machen sich Menschen auf den Weg nach Lourdes in der Hoffnung, dort ihre Gebrechen und Leiden loszuwerden, wenn sie an der heiligen Pilgerstätte stehen und von der dortigen Wasserquelle trinken.

Daher sind sogenannte Pilgerflüge eine echte Herausforderung für alle Mitarbeiter, denn neben den "Meets and Assists", der Rundumbetreuung der hilfsbedürftigen, meist alten Menschen, müssen pro Flug zahlreiche Rollstühle verladen bzw. zur Verfügung gestellt werden.

An einem solchen Flugtag erscheint ein Herr im eigenen Rollstuhl am Check-In Schalter.
Jürgi möchte von ihm wissen, ob er den Rollstuhl noch braucht oder wir diesen einchecken sollen, damit er vom Deutschen Roten Kreuz im flughafeneigenen Rollstuhl zur Maschine gebracht werden kann.
Der ältere Herr steht schwungvoll aus seinem Rollstuhl auf, gibt demselben einen leichten Schubs und sagt lässig:"Ach, den brauch` ich nicht! Ich kann gehen."

Daraufhin kontert Jürgi: "Na, die Nummer hätten Sie sich mal lieber für die Pilgerstätte aufsparen sollen..."

# Köln oder Bonn?

Ein leicht gestresster Mensch erscheint am Check-In-Desk und keucht: „Ich muß heute noch nach Paris, aber von Köln geht heute nichts mehr, können Sie bitte mal in Ihrem Computer nachschauen, ob noch ein Flug *von Bonn* aus möglich ist?"
Rosi entgegnet sofort leicht grinsend: „Nein, tut mir leid, ab Bonn geht heute auch nichts mehr."
Daraufhin der Mensch: „So eine Unverschämtheit! Sie haben ja noch nicht einmal im PC nachgesehen!"

# Duty Free Shop für Anfänger

I
"Frollein, hier jibbet doch su `ne Shop, da kann man billisch Parfömm un su jett einkaufen, ach, jetzt weiss isch et widder: de PAYBACK-Shop! Wo find isch den dann?"

II
"Gibts hier einen Datti Fie Laden?"

III
"Wo ist der **DIRTY** FREE Shop?" -
"Gleich gegenüber von der Apotheke!"
(Beate Uhse)

## Wer lesen kann... Teil II

Ein Ehepaar empört sich bei Ralph am Check-In:
„Warum steht unser Flug nicht an der Anzeigetafel? Wir fliegen in eineinhalb Stunden ab! Sie sind so was von unorganisiert hier in Köln! Wer ist für eine solche Schlamperei verantwortlich?"
Die Beiden zetern und zetern, daß es eine Freude für jeden Zuhörer in Reichweite von 100 Metern ist.

Schließlich nimmt Ralph die Tickets der beiden entgegen und antwortet nach einem kurzen Blick auf die Daten: „Macht Sinn, daß Ihr Flug nirgends angeschrieben ist: Sie fliegen ja ab Düsseldorf! Könnte knapp werden..."

## Da legst di nieder!

Gespräch am Check-In: "Haben Sie Gepäck dabei?" -
"Ja." -
"O.k., dann bitte einmal auf die Waage legen!" -
"*Ich* soll mich dahin legen? (Schluck...)"

## Tag eins, Monat vier

Schorsch macht einen Abruf für die gleich startende Maschine nach Palma:

„...Wir haben übrigens heute eine japanische Crew an Bord und möchten alle Fluggäste bitten, sich nach japanischer Tradition vor dem Einsteigen freundlich vor dem Flugpersonal zu verbeugen. Selbstverständlich sähe man es auch gerne, wenn Sie sich vor Betreten des Flugzeugs die Schuhe ausziehen könnten, dies ist jedoch nicht zwingend erforderlich.“

Beim anschließenden Boarding und trotz des Anblicks einer blonden, hellhäutigen Purserette* samt augenscheinlich komplett europäischer Besatzung scheint einigen Passagieren kein Lämpchen aufzugehen: Sie verneigen sich brav, bis sie anhand der Schmunzelattacken und des anschließenden Datumshinweises seitens der Crew feststellen, daß sie wohl Opfer eines April-scherzes geworden sind...


* Purserette oder Purserin, sehr weiblich (ausgesprochen: Pörßerett oder Pörßerin) Chefstewardess im Flugzeug (oder manchmal auch Chefsteward, je nach Crew)

Am Gate werden die *kleinen* Bordkartenabschnitte kontrolliert. Lisa sagt zu einem männlichen Passagier:
"Sir, may I see your little, please?" (...)

## Das Treppenhaus

Ein schottischer Fluggast auf dem Weg nach Glasgow rastet am Gate grundlos aus und befördert dabei fast eine Kollegin die Treppe hinunter. Es sind vier Polizeibeamte nötig, um ihn zu überwältigen und ruhigzustellen. Der Passagier wird daraufhin vom Flug ausgeschlossen und auf der Wache befragt. Nachdem keine klare Aussage aufgenommen werden kann (der Mann spricht mit starkem schottischen Akzent), wird ihm Flugverbot erteilt und er darf den Flughafen verlassen.

In der darauffolgenden Nacht greift ein Streifenwagen denselben Mann spazierengehenderweise auf dem Standstreifen der nahegelegenen Autobahn auf und bringt ihn erneut zur Wache.

Ein der schottisch-englischen Sprache mächtiger Kollege namens Jack hilft als Dolmetscher aus: "Erklären Sie bitte zunächst einmal den Angriff auf die Dame am Gate!" Daraufhin bleibt allen Beteiligten der Mund vor Staunen offen stehen: Der Mann erklärt, er habe in Glasgow das Treppenhaus nicht ordentlich genug geputzt und nun sei ein Killerkommando hinter ihm her. Er sei bereits mit dem Flugzeug von seiner Heimat nach London geflogen, dann von London nach Berlin und schließlich mit dem Zug nach Köln, um der Gefahr zu entgehen.

In Köln wäre er sicher gewesen, den Verfolgern entkommen zu sein, doch am Gate hätte er sie wieder entdeckt und die Kollegin nur angegriffen, um nicht mitfliegen zu müssen. Dies nämlich hätte seinen sicheren Tod bedeutet. Und als er dann des Nachts auf der Autobahn herumgelaufen sei, hätten die Killer ihn erneut entdeckt: "Die haben wild gehupt. Das machen die immer, wenn sie jagen!"

Jack erwidert: "Entschuldigung, wenn ich nachts um diese Uhrzeit auf einem Standstreifen spazierengehe, hupen die Autos auch, ohne dass ich gejagt werde."

Einige Zeit später findet man die Telefonnummer der Tochter des offensichtlich verwirrten Herren heraus und informiert sie über die Anwesenheit und Aussage ihres Vaters. Sie reagiert erleichtert: "Gott sei Dank. Er ist aufgetaucht. Mein Vater leidet unter Schizophrenie und ist schon öfter ausgebüchst. Bisher hat er es allerdings nie über die Grenzen Großbritanniens hinaus geschafft. Ich setze mich in das nächste Flugzeug und hole ihn ab. Vielen Dank für Ihre Hilfe!"

(Der arme Mann war übrigens tatsächlich im Besitz von Bordkartenabschnitten der zuvor genannten Strecken und der entsprechend gelösten Zugfahrkarte ...)

# Gänsefleisch ma ´n Sitzplatz rausrückn?

Wir schreiben das Jahr 1991. Ein Bus aus Magdeburg (EX-DDR, zur Info für alle Geographieexperten) macht sich mit 148 Rentnern auf den Weg nach Köln, um von hier aus für 240 DM 14 Tage Vollpension auf Mallorca zu genießen. Im Bus macht sich jedoch das Gerücht breit, es gäbe auch Stehplätze im Flugzeug.

Daraufhin prescht eine Horde älterer Menschen, bepackt mit schweren Koffern, in olympischer Bestzeit zu den Check-In Schaltern, um einen Sitzplatz zu ergattern. Dabei wird an Haaren und Kleidungsstücken gezerrt und gezogen, energisch und ohne Rücksicht auf Verluste.

Da vor lauter Drängelei und Chaos keine vernünftige Abfertigung möglich ist, bittet man die Paxe* freundlich, aber der Lautstärke angemessen etwas forscher: "Bitte stellen Sie sich in zwei Reihen hintereinander an, das kann doch nicht so schwer sein!" Daraufhin ein älterer Herr in bestem sächsischen Akzent:"Isch hab virzisch Johre in da Schlange gestandn, isch säh des jetzt nisch meahr ein. Isch will sofott ´n Sitzplatz, und des mit´m rischt´schen Stuhl!"

*Paxe
ugs. Kurzbezeichnung für Passagiere
(Singular: Pap; Plural: Pax)

"Guten Tag, wir möchten 4 Fensterplätze nebeneinander haben, geht das?" -
"Kein Problem, wir fliegen heute quer."

## Übel, übel

Ein Ehepaar mittleren Alters auf dem Weg in die Sonne begibt sich an Bord des Flugzeugs. Kurz vor Schließung der Kabinentür klagt der Mann über starke Übelkeit und Kreislaufbeschwerden. Als seine Frau mit ihm die Reise abbrechen und die Maschine verlassen will, winkt er ab: "Nein, nein, ist schon gut. Die Koffer sind ja schließlich bereits verladen und es würde viel zu lange dauern, diese jetzt herauszusuchen. Flieg Du schon mal vor und ich komme mit einem anderen Flug nach, sobald es mir wieder gut geht."

Die Frau stimmt schweren Herzens zu und macht sich erst einmal ohne ihren Gatten auf die Reise.

Kurze Zeit später beobachten zwei Kollegen, wie der eben noch so kranke Ehemann vor dem Terminal von einer jungen, drallen Dame innigst begrüßt wird und die beiden lachend dem soeben gestarteten Flugzeug hinterherwinken.

## Rechts vor links

Eine neue Kollegin möchte nach Erwerb des Vorfeldführerscheins ihr gelerntes Wissen in die Praxis umsetzen und bittet darum, das Dienstfahrzeug von der Position xy zurück zum Terminal steuern zu dürfen.

Als sie frohen Mutes den Taxiway* überqueren will, sieht die Beifahrerin einen schnell herannahenden  Flieger und brüllt: "STOOOOOOP!!! Da kommt ein Airbus!!!" Doch die Neue antwortet seelenruhig und allen Ernstes: Wieso? Der kommt doch von links. Ich hab Vorfahrt!"

* Taxiway
Rollbahn, auf der Flugzeuge - nicht immer langsam - in Richtung Startbahn oder von der Landebahn kommend unterwegs sind

"Sind Sie offen?" -
"Sehe ich geschlossen aus?"

## Zweideutig

Zwei Geschäftsleute checken zusammen ein. Der erste hebt einen relativ wuchtigen Koffer auf die Waage. Johanna fragt den zweiten Herrn:
"Ist Ihrer auch so groß?"
Daraufhin schaut der Mann verlegen an sich herunter und sagt mit einem Seitenblick auf seinen Kollegen: "Ich bin mir, ehrlichgesagt, nicht sicher...."

Gängige Frage nach Erhalt der Bordkarte: "So, und wo ist hier der Bahnsteig?" -
"D80. Der Zug fährt in 30 Minuten ab!"

# Klare Ansage

Eine Mutter bringt ihre zehnjährige Tochter zum Check-In. Sie soll als UM* zu ihrem Vater nach Südeuropa reisen.

Als man auch nach intensiver Suche ihren Namen nicht auf der Passagierliste finden kann (sie hat ein elektronisches Ticket, also kein Papierticket), stellt man irgendwann fest, dass Flugnummer, Tag und Monat zwar stimmen, der Vater sich aber bei der Buchung um eine Jahreszahl vertan hat, das Mädchen also 365 Tage später reisen müsste.

Man bietet der Mutter an, gegen Aufpreis umzubuchen. Doch diese lacht laut los, winkt ab und sagt: "Nein danke. Umso besser. Dann kann ich die Ferien mit meiner Tochter verbringen. Mein Ex-Mann ist soooo dämlich. Und wissen Sie, genau deshalb habe ich mich von ihm scheiden lassen."

* UM
Unaccompanied Minor, unbegleitetes Kind unter 12 Jahren; alleinreisend und erkennbar an großer Papierbrusttasche der jeweiligen Airline und meist betont lässigem Gesichtsausdruck

Ein Herr stürmt zum Schalter und ruft:
"Toiledde???" -
"Nein, das hier ist ein Check-In Schalter! Bitte
nicht!!!"

## Untergewicht

Zwei junge Mädels erscheinen am Check-In und
betrachten gespannt die Waagenanzeige, als der
zweite Koffer auf dem Band steht: "Schau mal,
nur 17 kg, das ist ja super!"
Schorsch sieht das Mädel an und antwortet:
„Was ist denn daran bitte super? Wenn wir 20 kg
Freigepäck ins Ticket schreiben, dann heißt es
auch 20 kg und nicht 17 kg. Daran müssen Sie
sich schon halten. Wir tanken ja auch
entsprechend vorher und müssen das Kerosin
dann wieder zurückpumpen. Das kostet 5 DM
Untergepäck pro Kilo. Macht also 15 DM! Zahlen
Sie bar?"

Das Mädel zückt anstandslos ihr Portemonnaie
und reicht Schorsch das Geld. Erst als sie
bemerkt, dass alle Passagiere in der Schlange
und sämtliche Kollegen vor Lachen brüllen, steckt
sie ihr Geld wieder ein, sagt erst leicht angenervt:
„Haha. Wie witzig", um dann aber schließlich,
etwas beschämt über ihre Naivität, mitzulachen.

## Böse Worte

Ein Fluggast hat zu viel Gepäck dabei und wird aufgefordert, Übergepäck zu bezahlen. Erst macht er sich über diese Aufforderung lustig, bemerkt dann, dass es ernst gemeint ist und startet daraufhin die allseits bekannte Mitleidstour bezüglich der kranken Mutter im Ausland. Es seien ausschließlich Medikamente im Koffer, die es im Zielgebiet nicht gäbe.

Da Mikki ihm diese Ausrede nicht abnimmt (wer schleppt schon 30 Kilo Schmerztabletten mit sich herum?), versucht er sich in einer neuen Variante und erzählt von Geschenken für die Kinder. Als auch dies nicht hilft und sie ihn erneut bittet, den entsprechenden Betrag zu bezahlen, beugt er sich breit grinsend über den Check/In Schalter und sagt leise: "Du kannst mich mal so was von dermaßen am A.... lecken!"

Mikki antwortet: "Das nicht, aber ich kann Sie mal so was von dermaßen auschecken!" Sprichts, ruft die Flughafensicherheit, und der Passagier hat außer einer Anzeige wegen Beleidigung nun auch noch das Problem, sich ein neues Flugticket beschaffen zu müssen, das weit mehr kostet als sein Übergepäck.

## Mission Liebe

Eine Frau ist auf dem Weg zum Gate nach Rom. Sie macht noch eine Rast in einem der Flughafen-restaurants und beginnt plötzlich, 50-Euro-Scheine (insgesamt mehrere tausend Euro) an die Gäste zu verteilen. Als zusätzliches Schmankerl entledigt sie sich dann noch ihrer Kleidung.

Sie wird selbstverständlich sofort von den ent-sprechenden Behörden festgenommen und weggebracht, nicht jedoch ohne vorher lautstark zu berichten, sie sei auf dem Weg zum Papst und kämpfe mit dieser Aktion für mehr Liebe auf dieser Welt....

"Do you have any sharp items in your handluggage, Sir?" -
"No, mylady, only in my trousers."

# Der Ausraster

Ein dunkelhäutiger Fluggast wird mit seiner 15-jährigen Tochter am Check/In vorstellig und hat weitaus mehr Gepäck dabei als erlaubt ist. Die - ebenfalls - dunkelhäutige Kollegin der Abfertigung weist ihn freundlich darauf hin, dass hier eine Übergepäckzahlung erfolgen muss.

Der Fluggast weigert sich, den geforderten Betrag zu zahlen und beschimpft die Kollegin lautstark als Rassistin (!),bevor er wutschnaubend den Schalter verlässt - ohne zu bezahlen, versteht sich.

Später am Gate macht der Schichtleiter ihn erneut auf sein viel zu schweres Handgepäck aufmerksam, woraufhin der Herr in unverständlicher Sprache beginnt, das gesamte Terminal in Grund und Boden zu brüllen. Die Tochter übernimmt die Zweitstimme in der Schrei-Arie, sodass dem Schichtleiter nichts anderes übrig bleibt, als die Polizei zu rufen.

Es sind letztendlich sieben Beamte nötig, um den aufgebrachten Passagier überwältigen zu können und schließlich zur Wache zu führen.
Dort rastet er dann völlig aus und schlägt seinen Kopf in seiner Wut so oft gegen die Tischplatte, bis sein Nasenbein bricht.

Und wieder einmal kommen wir aus dem Staunen nicht heraus, aus welchen  - unserer Sichtweise nach - "banalen" Gründen Menschen komplett ausrasten können.

## Sexuelle Belästigung am Arbeitsplatz

Eine Passagierin möchte am Abend nach Großbritannien fliegen und erscheint mit ihrem Baby am Check-In, nachdem der Einsteigevorgang bereits beendet und die Kabinentür geschlossen ist.

Der Schichtleiter Achim gibt ihr freundlich zu verstehen, dass dieser Flug definitiv nicht mehr für sie in Frage kommt, woraufhin sie ihm frech antwortet:"Dann haben Sie dafür zu sorgen, dass ich auf dem nächsten Flug mitkomme!"
Nachdem er ihr mitgeteilt hat, dass es nicht sein Verschulden sei, wenn sie zu spät am Abfertigungsschalter erscheine, und der nächste Flug nach xy erst am nächsten Morgen starte, legt sie erst richtig los: "Mein Begleiter ist schon wieder weggefahren und ich habe kein Geld dabei. Ich schlafe heute nacht bei dir! Du nimmst mich mit nach Hause!"

Achim erwidert, dass dies nun einmal nicht möglich sei und sie ihn bitte seiner Arbeit weiter nachgehen lassen möge, doch die entschlossene Dame gibt nicht so leicht auf. Ganze eineinhalb Stunden verfolgt sie den armen Schichtleiter kreuz und quer durch das Flughafengelände, nicht ohne zwischendurch immer wieder einmal,sehr zum Amusement anderer Anwesender, lautstark zu verkünden: "UND DU SCHLÄFST HEUTE MIT MIR!!"

## Der Routencheck

In der Luftfahrt werden hin und wieder sogenannte Dreiecksflüge durchgeführt, d.h. ein Flugzeug
fliegt beispielsweise von Köln nach Fuerteventura,
einige Passagiere steigen aus, neue Fluggäste
steigen zu, bevor es dann weiter nach Lanzarote
geht, wo wiederum einige Leute aus- und
einsteigen, um dann letztendlich den Heimweg
zurück nach Köln anzutreten.

Für einen solchen Dreiecksflug wird eine Dame,
gebucht nach Lanzarote, am Abfertigungsschalter
vorstellig. Folgender Dialog entwickelt sich
zwischen ihr und Wanda:

"Hören Sie mal, Fräulein, im Ticket steht, dass
das Flugzeug über Fuerteventura nach Lanzarote
fliegt. Stimmt das?" -
"Ja, das ist richtig, die Maschine fliegt über
Fuerteventura nach Lanzarote." -
"Dass wir *über* Fuerteventura fliegen, ist mir
schon klar. Ich möchte von Ihnen wissen, ob wir
auch da landen!" -
"Ja, natürlich landen wir auf Fuerteventura. Daher
der Hinweis im Ticket. Denken Sie ernsthaft, wir
schreiben alle Plätze entlang der Route auf, über
die wir fliegen??: Westerwald, Schloss
Neuschwanstein, Schwäbisch Gmünd, Alpen???"

## Quo vadis?

Drei italienische Passagiere kommen mit einem Flug aus Paris in Köln an und erscheinen laut fluchend am Ticketschalter. Wild gestikulierend versuchen sie, Klaus-Dieter ihr Problem begreiflich zu machen. Erst nach einiger Zeit begreift er, was passiert sein muss:

Die drei kleinen Italiener wollten von Paris aus nach Hause fliegen, genauer gesagt nach Bologna.
Leider scheint der französische Kollege ähnliche Verständigungsprobleme mit den Herrschaften gehabt zu haben wie der unsere, denn offensichtlich wollten sie nach "Bologne" (französisch für Bologna), doch er verkaufte ihnen Tickets nach "Cologne" (französisch für Köln) und die armen Leute wunderten sich bei ihrer Ankunft, warum in aller Welt ihr Heimatflughafen auf einmal so groß und anders aussah als 3 Wochen zuvor bei ihrer Abreise und keiner sie zu verstehen vermochte...

...und da war noch:

La Colonia

Dieses Schicksal ereilte nicht nur unsere drei kleinen Italiener, sondern kürzlich zwei chinesische Gäste, die von Barcelona in Spanien nach *La Colonia* in Spanien fliegen wollten. Leider hatte der Reisebüroexpedient sie falsch verstanden und so landeten auch sie unfreiwillig in Köln (spanisch: Colonia).

"Fliegen Sie nach Istanbul?" -
"Nein, wir fliegen überhaupt nicht in die Türkei!" -
"Auch nicht nach Ankara?" -
„Nein, auch nicht nach Ankara, wie schon gesagt,
gar nicht in die Türkei!" -
„Und was ist mit Antalya?" -
„...???..."


## Neverending Discussions

Ein türkischstämmiger Kollege erklärt einem
arabischen Fluggast, dieser habe zu viel Gepäck
dabei und müsse nun Übergepäck bezahlen.
Daraufhin der Araber: "Das machst du doch bloß,
weil du ein Ausländer bist. Wenn hier ein
Deutscher säße, der würde das durchgehen
lassen!"

(Kurze Info am Rande: Eigentlich bemängelt
normalerweise eine Vielzahl übergepäckfälliger
Fluggäste mit Migrationshintergrund die Kulanzlo-
sigkeit der deutschen Mitarbeiter mit abfälligen
Kommentaren über Ausländerfeindlichkeit, siehe
„Ohne Worte" )

## Ohne Worte

Hier ein kleine Anekdote, die Gundula vor einigen Jahren mit einem nordafrikanischen Reisenden widerfahren ist, nachdem eine Diskussion um Übergepäck entbrannt war:
Der Herr setzte der Unterhaltung ein Ende mit:
"Halt die Fr... und lächle gefälligst, wenn du mich bedienst, du Nazi-Schwein!"

(Anschließend übrigens überlegte sich Gundula mindestens eine Nacht lang, bei der Bundesagentur für Arbeit vorstellig zu werden und nach einem unspektakulären Bürojob zu verlangen...)

## Ohne Worte II

Doch auch unsere Landsmänner sind nicht immer zimperlich in ihrer Wortwahl:

"Ich muss mir doch von einer Ausländerschlampe nicht ernsthaft sagen lassen, dass mein Flug Verspätung hat."

Mit diesen Worten echauffierte sich ein deutscher Fluggast mittleren Alters am Check-In-Schalter zur Fremdscham aller anderen Passagiere. (Es handelte sich hier um ein Delay von 30 Minuten!)

Die spanische Kollegin Elena erwiderte relativ schlagfertig, sofern das in dieser Situation noch möglich war:"Oh, ich wusste gar nicht, dass Palma schon von Deutschland annektiert worden ist. Sie wollten doch ursprünglich nach Palma, oder? Tut mir leid, jetzt sollten Sie vielleicht lieber im Schwarzwald wandern gehen, denn hier und heute fliegen Sie nach dieser Ansage nicht mit!"

Sprachs und checkte den freundlichen Herren mit deutscher Gründlichkeit kurzerhand aus!

Eine Dame kommt zum Mallorca-Check/In:
"Tschuldigung, is` hier Palma?" -
"Nein, Köln."

## Golden Gate

Frachtabteilung. Hier werden die unterschiedlichsten Gegenstände von A nach B verfrachtet, mal größer, mal kleiner, mal wertvoll oder auch nicht, je nach Sichtweise des Betrachters.

Eines Tages kam eine Ladung Goldbarren im Frachtbereich an. Zur Information: Diese Barren werden zuvor, um nicht sofort potentiellen Ganoven zum Opfer zu fallen, mit einer dunklen Schicht ummantelt, um dann ihre „getarnte" Reise anzutreten.

Einer dieser wertvollen Stücke jedoch verschwand auf mysteriöse Art und Weise eines schönen Tages kurz nach seiner Ankunft in Köln. Man suchte. Man recherchierte. Man dachte nach. Man verzweifelte schließlich und niemand, aber auch niemand konnte sich einen Reim darauf machen, wie nun ein solch kostbares Exemplar den unüberwindbaren Weg vorbei an jeglichen Sicherheitskontrollen in die goldene Freiheit gemacht haben konnte. Bis....

Ja, bis eines Morgens ein kluges Köpfchen, den Kopf noch gesenkt von vorabendlicher Feierstunde, den Fund des Jahres machte: Ein noch klügeres Köpfchen hatte nämlich kürzlich zuvor entdeckt, dass eine Tür innerhalb des Arbeitsbereichs immer wieder von alleine in ihr Schloss zu fallen gedachte, und da dies ja auf Dauer beim ständigen Hinein- und Hinausgehen die Arbeitseffektivität enorm beeinträchtigt, nahm sich das pfiffige Köpfchen geschwind einen „so herumliegenden Teerklumpen" und setzte ihn fortan als Türstopper ein, ohne zu ahnen, den teuersten Stopper aller Zeiten auf den Weg gebracht zu haben...

## Blubb!

Ein Frachtflugzeug bringt frischen Fisch nach Köln. Nichts ungewöhnliches, denkt man. Und wo bringt man den Fisch hin? Natürlich ins Kühlhaus, damit er frisch bleibt und nicht verdirbt. Wenig später erscheint dann auch der Abholer.

Als man diesem dann im Kühlhaus die tiefgekühlten Fischlein präsentiert, wird nicht nur sein Gesicht, sondern auch die Stimmung eisig: Der Abholer ist nämlich von Beruf Zoohändler und bei den Tierchen handelte es sich ursprünglich um lebende Zierfische...

## Zum Wohl!

Eines Morgens, so gegen drei Uhr, klingelt bei einem Ticketschalter das Telefon. Der Mann am anderen Ende lallt relativ unverständlich in den Hörer:"Ischhh muss gleich nach Gggolombo fliegen, aber das klappt nichh, bin totalll blau!" Verena fragt freundlich: „Verstehe. Müssten Sie denn vor dem Einchecken noch ein Ticket abholen?"

„Quatsch!! Wieso Ticket?? Ich bin doch der Pilot!"

Verena fragt, ob der Herr sie auf den Arm zu nehmen gedenkt, woraufhin er wild mit Interna und Namen aus der Chefetage der Airline um sich wirft (die alle tatsächlich existieren), ihr verspricht, sie arbeitslos zu machen und desweiteren alle unterschubladigen Begriffe durch den Hörer singt, die man sich vorstellen kann.

Bis heute hofft man, dass es sich hierbei wirklich nur um einen Scherz gehandelt hat, denn so voll, wie der Mann am Telefon klang, dürfte nicht einmal das Kino bei der Weltpremiere von „Mission Impossible" gewesen sein...

Ein Fluggast soll sein Sperrgepäck aufgeben und fragt Thilo:
„Entschuldigung, wo finde ich denn hier den Sperrmüllschalter?"

## Im Dschungel der 3-Letter-Codes

Im Luftverkehr werden die Namen der Flughäfen zur Vereinfachung abgekürzt, so wird Palma kurzerhand zu PMI, Köln zu CGN, Bordeaux zu BOD etc.
Eines Morgens findet folgender Dialog zwischen zwei Flightmanagern zur Übergabezeit statt:
„So, alles ist so weit durchgeplant. Jetzt müssen wir nur noch das Gate für BOD besetzen." -
„Wieso BOD? Bodrum fliegen wir doch heute gar nicht an..."

Als man wenig später der Kollegin Chantal mitteilt, sie sei für das Gate BOD eingeteilt, erwidert sie: „BOD? Was ist das nochmal? Ah, ja, richtig, Bottrop, stimmts?"

# Arbeitsverweigerung!

Mal wieder am Check-In-Schalter. Evi wird vom Schichtleiter per Telefon gebeten, ihren Schalter zu schließen, um ein Gate zu besetzen. Also begibt sie sich zum Ende „ihrer" Warteschlange, schließt dort mithilfe der Tensatorenbänder die Reihe und checkt die vor ihrem Desk noch wartenden Gäste ein.
Als sie kurz später ihren Schalter aufräumt und bereits vom System abgemeldet ist, erscheint eine in einem Traum von Flieder gekleidete Dame, deren Make-up eher an naive Bauern-malerei erinnert als an unterstrichene Schönheit, und trötet ihr entgegen: „Checken Sie mich ein. Berlin!"

Evi bittet sie freundlich, den Nachbarschalter aufzusuchen, da der ihrige bereits geschlossen ist, doch die Lady lässt sich nicht abwimmeln: „Ich stehe schon ewig hier und Sie machen jetzt mal, hopp, hopp!" Jedoch Evis Feststellung, „SIE hätte ich bestimmt nicht übersehen in meiner Schlange!", lässt sie nicht aufgeben, und als sie merkt, dass beide Seiten  heute wohl doch eher nicht in weiteren Kontakt treten werden, ruft sie Evi aufgebracht hinterher:

„Na toll. Jetzt muss ich zum anderen Schalter, nur weil Sie zu faul zum arbeiten sind....Das ist doch wirklich das Letzte mit der Arbeitsmoral in diesem Land!"

## Big Brother is watching you

Bei manchen Flügen, besonders gen Osten, nehmen Koffer teils gigantische Ausmaße an, sodass die Fluggäste versuchen, ihr Übergepäck in unzähligen Trage-, Plastik- und sonstigen Taschen zu verstauen, um diese dann als „Handgepäck" mit an Bord zu nehmen.

Nicht selten verzweifelt die Boarding- als auch die Flugzeugcrew beim Anblick der zusätzlich zu verstauenden, wackersteinschweren Last.
Die pfiffigen Passagiere wissen natürlich, dass nur ein Handgepäckstück pro Person erlaubt ist und versuchen während des Check-Ins immer wieder, anderen „leicht reisenden" Fluggästen ihr Gepäck aufs Auge bzw. in die Hand zu drücken.

Nachdem eine auffällig bunte Tasche schon mehrmals abgewiesen wurde, kann der dazugehörige Gast einen Mitreisenden überreden, diese als sein eigenes Gepäck einzuchecken. Schade nur, dass der Mann sich am selben Schalter anstellt, an dem das bunte Teil bereits vorher eine „Absage" bekam. Besonders verkrampft lächelnd bestätigt er, dass es sich hier wirklich um sein eigenes Hab und Gut handele, auch der Hinweis, er mache sich strafbar mit dieser Art des Gepäckschmuggels, bringt ihn nicht von seinem Vorhaben ab.

Erst als die Check-In-Agentin ihm freundlich zu verstehen gibt:"Mich können Sie gerne anlügen, wenn Sie möchten, aber (sie zeigt gen Himmel)

der da oben sieht alles!'", nimmt er rekordver-
dächtig schnell die Tasche von der Waage,
entschuldigt sich und schleicht von dannen.

## Unsafe liquids

Jupp, der Techniker, wird zu einem geparkten,
kurz vor Abflug stehenden Flugzeug gerufen,
denn auf dem Boden befindet sich eine Pfütze,
eine „unsafe" Flüssigkeit, deren Herkunft es nun
zu bestimmen gibt, damit ein Leck an der
Maschine ausgeschlossen werden kann.
Nach einiger Zeit des Forschens und Grübelns
fasst Jupp sich mutig ein Herz, benetzt seinen
Finger mit der Flüssigkeit, leckt an ihm und gibt
kurz darauf das ok zum Start.

Des Rätsels Lösung? Pipi-einfach:
Scheinbar war ein alltägliches Bedürfnis einem
anderen Mitarbeiter des Vorfeldes zum Problem
geworden, und er hatte seine Blase kurzum unter
dem rechten Flügel der Boeing 737 entleert...

## Wie meinen?

Saisonbedingte personelle Engpässe sind überall vorhanden und nicht weiter tragisch.
Tragikomisch wird es dann, wenn es zu Dialogen wie dem Folgenden kommt:

In der Abteilung Z ist Friedhelm allein im Büro. Als er kurz in die Keramikabteilung (WC - oder für Flugdienstangestellte: Whiskey-Charly) entschwinden will, bittet er per Telefon Paul aus der Etage *über* ihm, seinen Arbeitsplatz für ein paar Minuten zu übernehmen.

Als er wieder an seinem Platz sitzt, moniert ein anderer Kollege aus der oberen Etage per Funkgerät sein langes Wegbleiben und der damit verbundenen Abwesenheit Pauls, woraufhin Friedhelm unüberlegt, jedoch - ebenfalls für alle gut hörbar per Funk - kontert:
„Sorry, meinst du vielleicht, mir macht das Spaß, mir immer einen runterzuholen, wenn ich auf´s Klo gehe?"

## Die zwei Gesichter

Am Check-In erscheint ein mittelalterliches, sehr freundliches Ehepaar. Da der Abflug schon recht bald ist und die Herrschaften recht spät, erklärt Marnie ihnen freundlich, dass sie aufgrund ihres späten Erscheinens und der ausgebuchten Maschine leider nur noch Plätze jeweils links und rechts vom Gang erhalten können. Der Mann winkt lachend ab und sagt: „Ach, um so besser, dann muss ich meine Frau nicht so nah bei mir ertragen, wissen Sie, die ist echt anstrengend...."

Marnie freut sich über die gute Laune der Gäste und bietet ihm unter Grinsen und mit einem Augenzwinkern spaßeshalber einen Platz direkt im Cockpit an.
Die Ehefrau lacht herzlich mit und neckt den Gatten wiederum mit Sätzen wie: „Ich wäre ja lieber allein geflogen, aber der da kriegt ja zuhause ohne mich nicht mal einen ordentlichen Kaffee hin!"

Nach diesem für alle Beteiligten amüsanten Check-In macht sich Marnie auf zum Gate, um die Passagiere zu boarden.
Als die zwei Eheleute dann entsprechend später am Schalter ihre Bordkarten vorlegen sollen, staunt sie nicht schlecht:
Die beiden beschweren sich, diesmal ohne Humor, über das unmögliche Verhalten der Kollegin am Check-In: „Hören Sie mal, die Frau vorhin hat uns einfach Sitzplätze getrennt voneinander aufgezwungen, und dann auch noch total unfreundlich losgezetert, wir hätten dies

jetzt gefälligst so hinzunehmen, schließlich seien wir selbst schuld, weil wir eh zu spät wären und sie hätte prinzipiell keine Lust auf solche Passagiere...."

Marnie ist erst einmal sprachlos, was in der Regel nicht sehr oft vorkommt, und sagt dann höflich: „Oh, das tut mir leid, da hatte die Kollegin wohl einen schlechten Tag, was?"

Der Mann erwidert: „Die hatte bestimmt noch keinen Kaffee heute morgen, so wie die drauf war... Sie dagegen sind ja viel netter! Haben Sie zufällig noch zwei Fensterplätze nebeneinander?" Marnie antworte mit einem leichten Grinsen:

„Danke für das Kompliment. Leider gibt es hier den gleichen Sitzplan wie vorhin. Fällt Ihnen eine leichte äußerliche Ähnlichkeit mit der Dame vom Check-In auf? Wie war das noch: „Mein Mann kriegt nicht mal einen ordentlichen Kaffee hin.." oder „Darf ich Ihnen einen Platz im Cockpit anbieten?" ?"

Der Mann und die Frau wechseln die Gesichtsfarbe und erkennen erst jetzt, dass es sich um ein und dieselbe Person handelt. Sie senken die Schädel und murmeln, auf ihre Bordkartenabschnitte starrend: „Naja, man kanns ja mal versuchen...", und schleichen sich zum Flieger.

## Schwarzer Humor

Ein jüngeres Ehepaar checkt mit drei Koffern
nach Palma ein und legt am Schalter die beiden
Personalausweise sowie den Ausweis der Mutter
der Frau vor.
Auf die Frage, wo denn seine Schwiegermutter
sei, antwortet der Mann grinsend mit einem Blick
auf den schwersten Koffer (unter anschließenden
strafenden Blicken seiner Gattin): „Die ist da drin.
In Stücken, versteht sich!"

„So, hier ist Ihre Bordkarte, begeben Sie sich nun
bitte zum Warteraum." -
„Was?? Wieso muß ich in einen *Warte*raum?
Haben wir etwa Verspätung?"

## Bierverschüttung?

Eines Morgens am Palma-Check-In.

Ein sichtbar - und riechbar -  angetrunkener Herr ist an der Reihe. Als Schorsch ihn bittet, sein Gepäck auf die Waage zu stellen, bittet er lallend um Geduld: „ Issschhhh kann grad nissschhh, mmmoooooment noch!"

Schorsch vernimmt ein merkwürdiges Geräusch und vermutet zunächst, dass der Gast eine Bierdose verschüttet haben muß...

Dem erleichterten Blick des betrunkenen Herren zufolge kann es sich allerdings nur um eines handeln:

„SIE PINKELN JA WOHL NICHT WIRKLICH GERADE AN MEINEN CHECK-IN-SCHALTER?!?" -

„Doch", sagt der Mann ganz selbstbewußt, bevor er hackenstramm in seine eigene Pfütze fällt, anschließend von den Sicherheitsbeamten abgeholt und von diesem Flug ausgeschlossen wird.

## Olé, oléoléoléééééé.....

Woran erkennt man, dass mal wieder Kegel- und sonstige Clubsaison ist?
Ein männliches Mitglied der o.g. Spezies legt dir ein Kondom auf den Check-In-Schalter und ruft mit stolzgeschwellter Brust und Blick in die Runde: „Na, Kleine, fliegste mit?"

Bei so viel geballter Männlichkeit kann man sich als Frau kaum bändigen, besonders, wenn die Jungs farbgleiche T-Shirts mit eindeutigen Thesen („2007 / Malle / Bernd, der Bringer!" oder „2007 / Malle / Gerd, der Geile!" „Ich mach ´ne Bierdiät".... etc. ) tragen und im richtigen Leben aus lauter Scham und mangelndem Selbstbewußtsein wahrscheinlich ihre Frauen zum Präservativerwerb o.ä. in die Apotheke schicken.

## Olé, olé II

Doch auch die Damen der Clubgesellschaften sind hier nicht zu unterschätzen:
Bewaffnet mit einer Hundertschaft Piccolöchen nehmen sie hysterisch-sopran-lachend den Flughafen in Beschlag, und wahre Ballermann-Arien schmetternd ist fortan kein Mann zwischen 18 und 68 mehr vor ihnen und ihren „Angriffen" sicher...

# L.e.m.m.i.n.g.e.

Ein Charterflugzeug nach Puerto Plata, Dominikanische Republik, hat 12 Stunden Verspätung aufgrund eines technischen Defekts. Daher geben die Kollegen allen Passagieren am Check-In diese Information weiter mit der Bitte, in bereitgestellte Busse vor der Abflughalle einzusteigen, um dann in ein 20 km entferntes Hotel zu fahren und die Wartezeit dort in reservierten Zimmern zu überbrücken.

Kurze Zeit später ruft ein Passagier aus dem Hotel beim Schichtleiter Fred-Günther an. Es sei eine Unverschämtheit, erst von den Mitreisenden zu erfahren, dass der Flug so viel Verspätung habe und nun tauche sein Name noch nicht einmal auf der Liste des Hotels auf, somit habe er weder Zimmer noch ein Essen und so viel geballte Inkompetenz wäre einfach zu viel für seine Nerven.
Fred-Günther entschuldigt sich höflich für die Verwirrung, erklärt die Verspätung und versucht freundlich einzulenken:
"Morgen früh, wenn Sie in Puerto Plata ankommen, haben Sie den Stress hinter sich und können Ihren Urlaub genießen."

Daraufhin entgegnet der Passagier: Wieso Puerto Plata? Ich fliege nach Punta Cana!
(Punta Cana liegt ebenfalls in der „Dom. Rep.")
Fred-Günther wiederum: "Aber die PaxAir fliegt Punta Cana doch gar nicht an!" -
"Was heißt hier PaxAir? Ich fliege mit der SmartAir!" -

"Oops", sagt Fred-Günther mit einem Blick aufs Vorfeld, "die ist seit 3 Minuten in der Luft..."

P.S. Das o.g. Hotel monierte übrigens, dass eine stattliche Anzahl der "richtigen" Gäste die ein oder andere Minibar im Hotelzimmer restlos geleert hätten und sich anschließend weigerten, die anfallende Rechnung zu begleichen.
Begründung:
"Wir brauchen nicht zu zahlen, wir haben ja für die Dom. Rep. Unterkunft "all inclusive" gebucht, und das hier ist schließlich auch ein Hotel..."
Prost auch!

## Grunz

Ein Passagier ist genervt von einer 45-minütigen Verspätung.
„Das ist jetzt schon das 2.Mal innerhalb eines Monats. SIE sind schon wieder verspätet! Eins sag ich Ihnen: Die AIR XYZ ist nächstes Jahr pleite!"
Carlotta erwidert: „Entschuldigung, ich bin nicht die AIR XYZ."
Daraufhin der Herr: „Stimmt. *Sie* sind eine andere Sau!"

## Missverständnis

Ein Herr möchte am Vorabend Check-In für sich und seine daheim wartende Frau Sitzplätze am Notausgang reservieren.

„Ist Ihre Frau fit?", möchte Tim aus Sicherheits-
gründen wissen.
„Nein!", lautet die prompte Antwort.
„Was hat sie denn?"
„Nix!"
„Ja, dann ist sie also doch fit?"
„Nein, ist sie nicht! Was soll die Frage eigentlich?"
„Am Notausgang dürfen nun einmal nur gesunde Menschen ohne Handicap sitzen, daher die Frage, ob Ihre Frau fit ist, fit, agil, gesund, nennen Sie es, wie Sie möchten."

Der Mann fängt erleichtert an zu lachen:
„Jetzt verstehe ich! FIT. Ich habe die ganze Zeit FETT verstanden und mich schon gewundert, wie frech heutzutage das Servicepersonal ist...!"

„Wo finde ich den melting point?" (Meetingpoint)

## Mathe = 6

Ein Fluggast ruft beim Ticketschalter an:
„Hier in meinen Unterlagen steht, bei Nichtantritt
der Reise fallen 100% Stornokosten an. wie viel
ist das denn dann?
„100 Prozent!"
„Ach so, danke! Und wie viel sind dann 100% von
498,-Euro?"
„...?..."

## Der Firmenflug

Ein Herr möchte nach Check-In-Schluß noch eine
Bordkarte erlangen.
Als er merkt, dass dies mit Schwierigkeiten
verbunden ist, wird er nervös und arrogant:
„Sie checken mich jetzt sofort ein. Mir hat in
meiner (!) Firma keiner was von 30-minuten-vor-
Abflug-macht-der-Schalter-zu gesagt und ich
muss nach Paris, und zwar jetzt! Legen Sie mal
´nen Zahn zu, und labern Sie mich gefälligst
nicht voll mit „muss erst nachfragen", Ihr Getue
können Sie sich sparen! Los, worauf warten Sie
noch? Auf den Sonnenuntergang?"

Nach einigem Hin und Her kommt seitens des Operations das Ok für den Herrn mit der Bitte, ihn für die Zukunft nochmals auf die Check-In-Schluß-Zeiten hinzuweisen.

Dieser reißt daraufhin Karina erbost die Bordkarte aus der Hand, nicht ohne lautstark zu verkünden, er werde sich über die „Dame" am Check-In beschweren und dies sei ihr letzter Tag  am Flughafen.

Karina erwidert: „Ich hätte dann auch gerne einmal Ihren Namen, denn auch ich werde mich in Ihrer(!) Firma über Ihr Verhalten beschweren!" Der Herr daraufhin: „Mein Name steht auf dem Ticket, welches Ihre Kollegin hat. Aber so bescheuert, wie SIE aussehen, können Sie noch nicht einmal lesen....!"

Worüber der nette Herr zu diesem Zeitpunkt noch nicht Bescheid wusste, war die enge Verbindung zwischen seinem Chef und Karina, bei der zwei Tage später ein kleinlauter Entschuldigungszwei-zeiler einging....

## Eine Mühle, zwei Ziele

Beim Busboarding einer Maschine nach Istanbul
fragt ein Passagier mit Blick auf die beiden
Treppen am Flieger:
„Steige ich hier vorne ein nach Istanbul?"
„Nein, vorne ist Miami, hinten ist Istanbul",
erwidert lachend der Rampagent.

Woraufhin der Gast sich bedankt und zur hinteren
Treppe eilt....

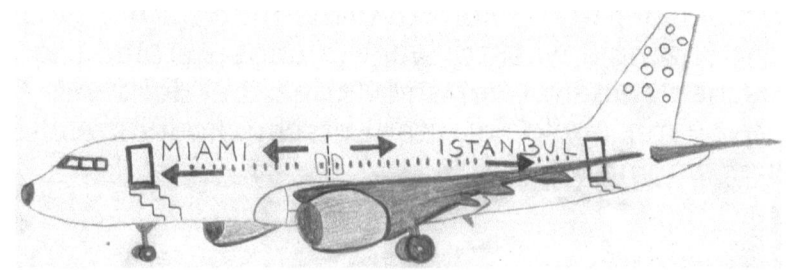

## G´schichtn aus´m Baziland

Johann aus München erzählte kürzlich von seiner Erfahrung mit Passagieren in Bavarien, nachdem der Flughafen Riem geschlossen und das Erdinger Moos als neuer Airport geöffnet worden war:

„Wegen Nebels wird sich der Abflug um voraussichtlich 45 Minuten verzögern."
Diese Auskunft leitet besagter Check-in-Agent an die genervten Passagiere weiter, woraufhin ein besonders schlecht gelaunter Fluggast seinen Unmut am armen Johann auslässt:

„Hörens amoal, des wor fei a ganz schlechte Planung, wie kann man auch so an Fluaghofn mittn im Moor bauen, des is doch kloar, daß do Nebel is... Sie san schuld, daß mir woartn müssen! *Sie* und niemand anders!"

Johann entschuldigt sich: „Verzeihen Sie vielmals, werter Herr, Sie haben ja Recht, aber wissen Sie, als *ich* vor 30 Jahren den Neubau des Münchener Flughafens plante, war der Marienplatz einfach zu eng...."

(Norden, Süden, Osten, Westen -
Pax sind deutschlandweit die Besten!)

# Freud´sche Fehlleistung

Ein Self-Check-In-Automat wird in Betrieb genommen. Hier können Passagiere sich das lange Warten am Schalter ersparen, indem sie sich die Bordkarte mit Sitzplatz direkt selbst ausdrucken.

Nach einigen Tagen erst bemerkt ein schlauer Schädel den kleinen Flüchtigkeitsfehler, der bei der Programmierung des Bordkartentextes aufgetreten war:

Man hatte beim Wort „Boarding Pass" schlichtweg das „P" vergessen.

(Doch anscheinend haben hunderte von Fluggästen sich nicht durch „Boarding ass" beirren lassen. Vielleicht dachten sie, je billiger man fliegt, desto unfreundlichere Anweisungen muß man dann auch billigen, who knows........?)

# Prag

Wie zuvor bereits erwähnt, checkt man sich heutzutage auf modernen Flughäfen mithilfe der Self-Check-In-Automaten oft selbst ein.
Das bedeutet, man steckt - ähnlich wie bei einem Geldautomaten - seine Kreditkarte in einen hierfür vorgesehenen Schlitz oder läßt seinen Pass scannen.
Doch auch hier gibt es immer wieder Passagiere, die Erstaunliches versuchen, um an ihre Bordkarte zu gelangen.
So sah man kürzlich einen Herren, der sich zunächst unsicher nach links und rechts drehte, um festzustellen, ob ihn jemand beobachtete, und dann in Richtung des Automaten flüsterte :

"Prag!" - (Pause!) - „Prahaag!"

und sich tatsächlich wunderte, daß keine Bordkarte zum Vorschein kam...


P.S. Unsere Automaten sind zwar schon enorm fortschrittlich, aber das mit der Spracherkennung wird dann wohl doch noch ein Weilchen auf sich warten lassen...

## Neuer Veranstalter

Eine Kundin fragt bei der Information nach:
„Entschuldigen Sie, wo ist der Zwölfli-Schalter?"
Nach einigen Rückfragen stellt sich heraus:
Die Dame meint den Reiseveranstalter
„1 - 2 - Fly".

## Guter Platz

Ein Herr wird bei Markus vorstellig: „Guten Tag,
sagen Sie mal, haben Sie denn noch einen richtig
guten Platz für mich im Flugzeug?"
„Kein Problem", erwidert Markus sarkastisch, „ich
hätte da noch ein schönes Panoramafenster,
vorne, direkt bei der Band."
„Direkt bei der Band ist kein Problem, ich höre
sowieso schlecht, da macht mir laute Musik nichts
aus. Vielen Dank..."

# Tatort Gepäckermittlung!

Ein Gast kommt zum Gepäckermittlungsschalter und möchte seinen Koffer verlustig melden.
Lilly zeigt auf das Gepäckband, auf dem noch ein einsamer Trolley seine Kreise zieht und sagt: "Da vorne fährt doch ein schwarzer Koffer, der Ihrer Beschreibung entspricht."
Nein, das sei nicht sein Hab und Gut, erwidert der Mann. Lilly nimmt den Trolley genauer unter die Lupe und stellt fest, dass die Gepäckabschnitt-nummer des Herren mit dem Label des noch immer kreisenden Stückes übereinstimmt. Doch der Herr winkt immer noch ab.

Als Lilly in ihrer Verzweiflung auf die Übereinstimmung des Namens am Koffer hinweist und anschließend mit dem Gast gemeinsam den Koffer öffnet, um den Inhalt zu vergleichen, behauptet der Mann steif und fest und allen Ernstes:
„Hören Sie, dieser Trolley mag ja das gleiche Label haben, so aussehen wie meiner und meine Kleidung beinhalten. Trotzdem gehört dieser Koffer nicht mir! Nehmen Sie nun endlich meine Verlustmeldung auf oder nicht?"

Wer weiß, vielleicht erwartete der Passagier einfach ein paar neue Kleidungsstücke und das passende Gepäck dazu von der Fluggesellschaft, weil er „einen neben sich gehen" hatte und diesen entsprechend neu einkleiden wollte...

## Mutter und Kind

Beim Boarding ohne Sitzplatzvergabe ist es üblich, eine Vorabansage zu tätigen:
„Wir bitten zunächst alle Fluggäste mit Kindern, ....., zum Gate."

Am Ausgang reihen sich dann auch die entsprechenden Zielgruppen auf, unter anderem eine ältere, ca. 75-jährige Dame in Begleitung eines ca. 40-jährigen Herren.
Auf den Hinweis der Gateagentin, erst seien andere Fluggäste an der Reihe, reagiert sie ungehalten: „Sie haben gesagt, Passagiere mit Kindern zuerst! So, ich bin die Mutter dieses Kindes (sie zeigt auf ihren Sohn) und Sie lassen mich jetzt sofort vorbei!"

## Viva la Diva

Eine bekannte, reiche Dame reist in Köln an, um der Einladung einer TV-Talkshow 'Wie angelt man sich einen Milliardär?' zu folgen.

Leider konnte ihr Gepäck auf dem Flughafen Paris aufgrund eines Laderstreiks nicht transferiert werden, und somit steht sie nahezu mittellos vor dem Kollegen Sandro, der ihre Verlustmeldung aufnehmen möchte.

Sie beginnt sofort mit verbalen Kampfansagen und verlangt von Sandro, auf der Stelle persönlich in Paris nach ihren Koffern zu suchen.

Als dieser verneint, dreht sie fast durch und schreit hysterisch durch das gesamte Terminal, damit auch wirklich jeder mitbekommt, dass sie da ist.

Man bietet ihr seitens des Senders eine Leihrobe eines angesehenen Designers und andere Annehmlichkeiten an, doch sie lässt sich durch nichts und niemanden beruhigen.

Die Dame lässt sich zur Flughafenlounge geleiten und beseitigt dort sämtliche Champagner- und sonstige Alkoholvorräte.

Den Termin beim Fernsehen nimmt sie natürlich ohne ihre Garderobe und die angeblichen 250.000 Dollar im fehlenden Gepäck nicht wahr.

Als die arme Kollegin die Lounge am Abend schließen muss, erlebt sie einen weiteren Tobsuchtsanfall der inzwischen recht druckbetankten Dame.

Diese weigert sich mit Händen und Füßen, doch auch hier nützt ihr der ganze Reichtum nichts: Sie muss den Flughafen verlassen und tritt am nächsten Morgen die Heimreise an.

Die Koffer sind zwar inzwischen aufgetaucht, doch ihren Auftritt in Deutschland hat sich die Society-Lady wahrscheinlich anders vorgestellt und zu guter letzt muss sie nun auch noch mit einer Anzeige wegen Vertragsbruches seitens des TV-Senders rechnen...

## Wer braucht schon Luxus?

Eine Frau erscheint nebst „AVIH*" am Check-In. In diesem Falle handelt es sich um einen Hund, der aufgrund seiner Größe im Hold, also unterhalb der Passagierkabine, reisen muß. Nachdem Mara der erstaunten Dame die Info mitteilt, antwortet diese ernsthaft: „Ach wissen Sie, dann buchen Sie mich auch in dieses Hold, ich brauche keinen Sitzplatz in der Kabine oder sonstigen Luxus, Hauptsache, ich bin bei meinem Schatz."
Als Mara ihr erklärt, dass es im Hold doch recht ungemütlich und kalt sein könnte, erwidert sie: „Das macht nichts, dann nehme ich mir halt eine Decke mit. Wissen Sie zufällig, ob ich an Bord eine ausleihen kann?"

Da man ihren „Wunsch" selbstredend aus

versicherungstechnischen und anderen Gründen ablehnt, entscheidet sich die Frau kurzerhand gegen den Flug und für ihren Hund, checkt aus und fährt wieder nach Hause.


*AVIH
großes lebendes Tier über 6 kg, das in kleinem Käfig reisen muß und in der Nähe der Koffer untergebracht wird.
Heizung (meistens) inclusive.


## G´schichtn aus´m Baziland II

Johann berichtet mal wieder von einem Geschehnis an einem anderen deutschen Flughafen:

Nach einem angeblichen Bombenalarm wird das gesamte Terminal evakuiert.
Der Mitarbeiter einer Sicherheitsfirma jedoch meldet sich auch nach mehrmaligen „Anfunkversuchen" nicht.

Erst viel später, nachdem der Alarm längst aufgehoben ist, taucht der Kollege wieder auf. Er hatte sich die ganze Zeit auf der Toilette versteckt und rechtfertigte seine Reaktion kurz und bündig: „Helden sterben früher als Feiglinge...."

Ein blinder Fluggast wird am Check-In gefragt, ob er am Fenster oder lieber am Gang sitzen möchte, worauf er leicht grinsend erwidert: „Meinen Sie, das spielt bei mir eine Rolle?"

## Einer geht noch...

Eine Dame wird von ihrem Ehemann an den Check-In gebracht. Dort verabschieden sich die beiden innigst, bevor er das Terminal wieder verlässt und sie sich zum Gate aufmacht, wo sie ihren offensichtlich schmachtenden Liebhaber trifft.
Adam, der die Frau zuvor eingecheckt hatte, beobachtet dies, als er sich ebenfalls zum Gate aufmacht.
Als dann der Liebhaber der Dame kurz im Toilettenraum verschwindet, zögert diese keine Sekunde und steckt Adam augenzwinkernd ihre Visitenkarte in die Jackentasche, selbstredend mit vielversprechendem Blick und dem schriftlichen Zusatz, sie bitte unbedingt anzurufen, aber erst am Tag xx und nicht vor xx Uhr...

Ein sprachgewandter Gast sucht das Restaurant „Leysieffer":
„Wie komme ich bitte zum „Laissez-faire"?

## Einer geht noch Teil II

Ein Mann möchte seine Ehefrau überraschen und checkt auf demselben Flug ein, den sie zwecks einer Dienstreise antritt. Er freut sich merklich auf ihr zu erwartendes überraschtes Gesicht und folgt ihr unauffällig zum Gate.

Leider ist es dann sein Gesicht, das überraschte Züge annimmt, denn die Ehefrau begrüßt im Sicherheitsbereich überschwänglich ihren Liebhaber, mit dem sie die „Dienstreise" geplant hat.

Der arme betrogene Mann checkt aus.
Sowohl aus diesem Flug als wahrscheinlich auch aus seiner Ehe.

## Pfand oder kein Pfand?

Ein Herr beugt sich über den Informationsschalter und möchte wissen, wo der Ticketschalter von „Rewe Touristik" ist. Dabei wedelt er der Kollegin übertrieben lässig mit einer leeren Flasche ständig vor der Nase herum.
Sie kontert: „Rewe? Wieso, wollen Sie die Flasche zurückbringen?"

## Extreme-Gate-Riding

Drei Uhr morgens. Schichtbeginn. Luana baut ihren Check-In-Schalter neben den Kollegen auf, die bereits um ein Uhr in der Frühe ihren Dienst beginnen mussten.

Bevor sie die Labelrolle einlegen kann, wird sie schon von einem Fluggast angepöbelt:

„Na, bequemt die Dame sich auch schon zum Dienst? Ist ja toll, dass Sie auch schon da sind, wir warten hier schon über eine Stunde.Wie wäre es, wenn Sie das nächste Mal früher aufstehen?"

Luana überlegt kurz, ob sie den Herren zu einer kurzen Informationsveranstaltung über verschiedene Dienstplanschemata im Schichtdienst einladen soll, entscheidet sich dann aber doch für den freundlichen Weg:

„Das tut mir wirklich sehr leid, dass Sie so lange vor einem leeren Schalter gewartet haben. Wenn ich gewusst hätte, das *Sie* heute nacht fliegen, hätte ich Sie selbstverständlich gestern abend bereits zuhause abgeholt. Beim nächsten Mal bin ich besser organisiert, versprochen!
Und nun steigen Sie bitte auf, ich reite Sie zum Gate!"

## Zack Zack!

Ein weiterer Gast moniert am Gate, dass die Kofferverladung seiner Ansicht nach zu lange dauert:

„Hören Sie mal, ich habe gestern abend schon das Vorabend-Check-In genutzt und mein Gepäck aufgegeben.Und jetzt erst fangen die da unten mit der Verladung an? Das hätten die ja wohl auch locker gestern abend schon machen können. Können Sie das nicht besser organisieren?" -

„Natürlich. Wir arbeiten zur Zeit an einem System, mit dem man Flugzeuge bereits in der Luft beladen kann, wenn sie ausnahmsweise einmal nicht am Boden sind.
Wußten Sie eigentlich, dass Flugzeuge nur Geld einbringen, wenn Sie fliegen? Das könnte der Grund dafür sein, dass diese Maschine hier seit Ihres Vorabend-Check-Ins bereits einmal in Berlin und einmal in Rom war..."

# Heiteres Destinationenraten

„Entschuldigung, wo geht es hier nach Ischias?"
(Ischia)

„Wo geht der Flug nach Herkules ab?"
(Heraklion)

„Ist hier der Check-In für Future Venture
(= Fjutscha Ventscha)?" (Fuerteventura)

„Ich fliege nach Hördschgate....!"
(Hurghada)

„Ich suche das Gate für Gränd Cänärähschn."
(Gran Canaria)

„Bin ich hier richtig bei Äreseiff?"
(Arecife)

„Irgendwas mit Palma"
(Palma de Mallorca, Las Palmas, La Palma)

„Komme ich von hier nach Hetero?"
(London-Heathrow)

„Nach ...hicks...Ballermann!"
(Palma)

## Ein Schelm, wer Böses dabei denkt

Am Gate wird manchmal, für die Fluggäste nicht immer logisch nachvollziehbar, nach Reihen geboardet, d.h. die hinteren Reihen steigen zuerst ein, damit keine Stockungen entstehen, wenn die Menschen ihr Handgepäck in die Stauräume über den Sitzen verladen.

Dies funktioniert nur bedingt und schleppend. Vanessa ruft genervt nach etlichen Ansagen via Lautsprecher:
„Ich will erst alle von hinten. Und dann alle von vorn!"

## Hex-Hex

Eine Frau möchte tatsächlich einen Besen einchecken. Damian verweist sie aufgrund der Größe des Gepäckstückes zum Sperrgepäckschalter, doch sie fängt an zu schimpfen und zu zetern, dreht sich im Kreis und wirkt auch sonst ziemlich „verhext".
Irgendwann reißt Damian der Geduldsfaden und er sagt: „Wissen Sie was? Setzen Sie sich auf Ihren Besen und reiten Sie nach Palma! So wie Sie drauf sind, brauchen Sie überhaupt kein Flugzeug!"

## Planlos im Gatebattle

Bei der Flugplanung bzgl. einer Pilgerreise nach Mekka hatte man einst den Abflug denkbar ungünstig gelegt: Zum Zeitpunkt des Boardings erschien trotz mehrmaliger Abrufe keiner der Gäste am Ausgang.

Der Gateagent mußte nicht lange suchen: Er fand die komplette Gästeriege in einer benachbarten Halle betend auf dem Boden wieder.

## Kawumm!

Ein kleiner Faux-pas widerfuhr Vroni aus der Passagierbetreuung: Sie wurde gebeten, einen blinden Herren von einem Flugzeug abzuholen, um ihn sicher zum Ausgang zu lotsen.
Die elloquente Vroni nahm den Gast am Arm und startete während des Spazierganges ein nettes Gespräch mit ihm über Gott und die Welt.
Die beiden waren letztendlich so in ihre Unterhaltung vertieft, daß die gute Vroni schlichtweg seine Behinderung vergaß und die Glastür am „Wegesrand" übersah, gegen die der arme Mann dann mit flotter Wucht prallte....

## Sektion F

Eine ältere Dame erscheint beim Terminalservice in der Abflughalle: „Ich habe meinen Wagen letzte Woche im Parkhaus abgestellt, nur weiß ich nicht mehr, wo genau das war. Ich erinnere mich allerdings, daß ich ihn in der Sektion „F" geparkt habe. Können Sie mir helfen?"

Der freundliche Kollege Gotthilf sucht mit der Dame zunächst das komplette Parkhaus 3 ab, gefolgt von Parkhaus 2, wo die Frau ebenfalls nicht fündig wird.

Nach etwa eineinhalb Stunden vergeblichem Suchens bietet er ihr noch einen Rundgang durch das kleine P1 an.

Hier jauchzt die Dame plötzlich auf: Der Wagen ist gefunden!

„Sehen Sie", sagt sie freudestrahlend, „da steht er, direkt bei Sektion „F"!", und zeigt strahlend zur Wand hinter dem Auto, auf der in rot-weißer Markierung der Hinweis „F" für Feuerlöscher gemalt ist....

## I für Information

Ein Fluggast fragt in der Nacht eine Mitarbeiterin des Terminalservice, die ein unübersehbares „I" für Information auf dem Rücken trägt:
„Entschuldigung, kennen Sie sich vielleicht hier aus?"
„Nein", erwidert Amesa, „ich konnte nur nicht schlafen, da dachte ich, ich ziehe mir einfach mal ein frei herumliegendes Informationshemdchen an und spaziere mitten in der Nacht vor lauter Langeweile ein paar Runden über den Flughafen..." -
„Ach so, dann entschuldigen Sie bitte die Störung!"

„B60! B60! Ich muss zu B60!"
„Schön. Gehen Sie ruhig... Ich hab nichts dagegen."

## Schlechtes Timing

Ein Herr meldet sich des Nachts gegen 03:30 Uhr am Ticketschalter und wedelt mit dem Flugschein: „Fräulein, ich soll eigentlich um 05:10 Uhr nach Varna fliegen, aber da gibt´s ein kleines Problem! Es ist nämlich so: Meine Freundin - ach, da kommt sie ja gerade (er deutet auf den Eingang des Abflugbereiches, wo just eine üppig „gekurvte" junge Frau erscheint) - rief mich gerade an. Sie hat jetzt ihren Eisprung. Somit muß ich leider mein Ticket zurückgeben. Ich kann heute nicht nach Varna fliegen."

Eine ebenfalls am Schalter wartende Gruppe heiterer Kegelclub-Touristen bricht in schallendes Gelächter aus und versucht den sichtlich „unter Druck" stehenden Gast doch noch zum Reisen zu überreden: „Mensch, du kannst doch deswegen nicht deinen Flug verfallen lassen. Dann geh halt mit deiner Freundin auf die Toilette oder nimm dir einen Plastikbecher von uns, den kannst du ihr ja später mitgeben..."

Doch selbst die gutgemeinten Tipps der fröhlichen Truppe lassen den Herrn nicht von seinem Plan abweichen. Er gibt seinen Flugschein artig ab und verschwindet mit seiner breit grinsenden Gespielin in der Dunkelheit....

Seitdem heißt der besagte Flug in Kollegenkreisen nur noch „Der Eisprungbomber".

## Delayreason: Pap Comail

Am Gate fehlt ein Passagier. Nach einigen Ausrufen fällt dann doch jemandem auf, dass es sich bei dem Fluggast namens „Mr Comail*" dann doch vielleicht um einen in Korfu abzuholenden Begleitkoffer handelt, den ein Kollege am Check-In versehentlich als normalen männlichen Fluggast mit Gepäck und Sitzplatz eingecheckt hatte.

*Comail
(Meistens) Aluhartschalenkoffer eines Reiseveranstalters, in dem Unterlagen zwischen Veranstalter und Reiseleitung/Hotel des jeweiligen Zielgebietes hin- und hergeschickt werden.

## Schnipp, schnapp, Perso ab!

Ein Fluggast zückt am Check-In stolz seine nagelneue Geldbörse, um seinen Personalausweis vorzulegen. Wider Erwarten wird der Gast vom Flug in die Türkei ausgeschlossen, da er laut Mitarbeiter keine gültigen Ausweispapiere mit sich führt.

Wieso? Weshalb? Warum?

Das Format des Ausweises war nicht wirklich handelsüblich. Darauf aufmerksam gemacht, erklärte der Herr, sein Ausweis habe leider größentechnisch nicht in sein neues Portemonnaie gepaßt und da hätte er ihn kurzerhand zurechtgeschnitten.

(Der Herr war entsprechend unerfreut, daß niemand seine gute Idee wertzuschätzen wußte und stellte wenig später dann selbstverständlich Regressansprüche, da man ihm aus - seiner Meinung nach - nichtigen Gründen den Flug verweigert hatte.)

## Von Palma nach Las Palmas

Ein Fluggast checkt nach Palma de Mallorca ein. Nachdem sein Gepäck aufgegeben ist und er die Bordkarte erhalten hat, fragt er Dora: „Entschuldigen Sie, haben Sie hier einen Fährplan von Palma de Mallorca nach Gran Canaria? Ich habe Flug und Unterkunft separat gebucht und mein Hotel ist nun in Las Palmas, nicht in Palma, da hab ich mich wohl ein bißchen vertan."

Der arme Mann hatte vor lauter Buchungseifer wahrscheinlich nicht nur Mallorca mit Gran Canaria verwechselt, sondern auch die Entfernung zwischen beiden Inseln falsch eingeschätzt. Er schien sehr überrascht zu sein, als ihm Dora schließlich erklärte, daß die Balearen im Mittelmeer und die Kanaren im Atlantik liegen und etwaige Fährverbindungsanfragen somit nicht wirklich an der Tagesordnung seien...

## English for Runaways

„Hello" , begrüßt ein offensichtlich deutscher Reisender die ebenfalls deutsche Check-In-Dame in bestem Englisch für Fortgelaufene, „I flying to Barcelona. Here´s my ticket and I will to sit on the window."

Heidi gibt ihm lächelnd den Personalausweis zurück und antwortet: „Natürlich. Sie können aber auch gerne Deutsch mit mir sprechen, wir sind hier ja in Köln."
„Unverschämtheit", entfährt es dem Herren, „Sie nennen sich Cologne/Bonn INTERNATIONAL Airport, also habe ich auch das Recht, hier Englisch zu reden, klar? So give me my boardcard now!"

## Jeopardy

Ein Passagier kommt in den Abflugbereich gestürmt und brüllt, hektisch suchend, in den Raum: „Wien!!!"

Daraufhin trötet Isi, ein alter „Jeopardy"-Fan, zurück: „Was ist die Hauptstadt von Österreich? .... Hurra, gewonnen! 500 Punkte!"

(Warum kann die Menschheit ihre Fragen heutzutage eigentlich nicht mehr in vollständigen Sätzen formulieren? Läßt man sein Hirn grundsätzlich im Kofferraum des Leihwagens im Parkhaus 2 liegen, bevor man den Flughafen betritt???)

## Klein, aber oh oh!

Gepäckausgabe. Passagiere sind frisch aus Cancun eingetroffen. Da es in Köln deutlich kühler ist als in Mexico, ziehen sich die Leute am Gepäckband nach und nach ihre Jacken über.

So auch eine Dame um die vierzig. Doch kaum ist sie damit fertig, schreit sie kurz auf, wirft ihren Anorak von sich und wird bleich. Sie faßt sich immer wieder an ihren Ellenbogen, verzieht schmerzverzerrt das Gesicht und sackt schweißgebadet zu Boden.

Da einige Mitreisende glauben, etwas Schwarzes über den Boden huschen gesehen zu haben, wird neben dem Notarzt die Feuerwehr eingeschaltet und die Gepäckausgabe evakuiert.

Nach einigen Minuten wird man fündig und packt den blinden Passagier vorsichtig mit der Zange, um ihn dann postwendend per Helicopter ins Tropeninstitut zu fliegen, damit ein Gegengift ermittelt werden kann.

Was war geschehen?

Vor Abflug in Cancun hatte es sich im Jackenärmel der betroffenen Dame ein Skorpion gemütlich gemacht, der netterweise erst nach Ankunft in Köln und Konfrontation mit ihrem Arm zustach.

Man kann von Glück sagen, daß diese Begegnung nicht in der Flugzeugkabine über dem Atlantik stattgefunden hat, denn laut anschließender Information handelte sich um ein besonders kleines, extrem giftiges Modell, nach dessen Stich die Frau ohne Gegengift eine Überlebenschance von ca 1 1/2 Stunden gehabt hätte.

## Die Spaßkasse

In der Abflughalle befindet sich ein moderner Geldautomat, getarnt als großer grauer Marmor-quader mit diversen vollautomatischen Funktionen zum Geldabheben, -wechseln oder -einzahlen.
Ein freundlicher Asiate fragt am Ticketschalter mit Blick auf den Automaten: „Do you think there is anybody inside?"
Nicole erwidert lachend:"I am not sure. Why don´t you go and check?"

Kurz darauf beobachtet sie, wie der gute Mann minutenlang um den Quader pirscht, immer wieder gegen die Marmorwand klopft und verstohlen flüstert: „Hello? Anybody in there?"

## Wo bin ich?

Günni wird von einer jungen Dame um Hilfe gebeten, die gerade aus Antalya angekommen ist: „Ich finde meinen Abholer nicht. Er wollte direkt vor der Ankunft auf mich warten und ich kann ihn nirgendwo entdecken."

Günni hat nach einigen Ausrufen und weiteren 10 verstrichenen Minuten die zündende Idee: „Lassen Sie uns Ihren Abholer doch auf dem Handy anrufen, dann leite ich ihn zu uns."

Er bittet den Herren um Beschreibung dessen Standortes und wird stutzig: „Sie befinden sich also an der Bar. An welcher denn, der „green bar" oder der „red bar"? Was soll das heißen, hier gibt´s keine farbigen Tränken?? Stehen Sie vor der Ankunft D-West oder D-Ost?"
Der Herr auf der anderen Seite des Telefons erwidert: „Ankunft eben. Einfach nur Ankunft. Ohne Ost oder West!"
Günni sagt: „Guter Mann, gehen Sie jetzt mal nach draußen, da stehen in der Regel jede Menge Taxen. Fragen Sie einen der Taxifahrer nach der Ankunft D-West, er wird Ihnen die Richtung weisen. Hier in Köln sind die Menschen immer hilfsbereit..."
Daraufhin der Angerufene:"Was heeßt ´n hier Köln??? Ich stehe in Dresden!"

Die junge Dame hatte hier bei der Zwischenlandung das Flugzeug wohl in der Annahme verlassen, sie sei bereits in ihrer Heimatstadt angekommen.
(Vielleicht sieht der Kölner Dom von oben - je nach Blickwinkel und Bierbetankung betrachtet - aus wie die Frauenkirche?)

## Nomen est Omen

Ein Fluggast beschwert sich beim Flugschein-
schalter über den Namen einer Airline:
"Ich möchte jetzt ein Ticket von der airmünchen
nach München und Sie erzählen mir allen Ernstes,
dass die airmünchen von hier aus nicht nach
München fliegt??? Das ist Irreführung und ich
erwarte eine Erklärung!"

Patrick kontert: "Schauen Sie doch mal zum
Schalter rechts neben uns (er deutet auf
Alltours). Was glauben Sie wohl, wo *die*
hinfliegen? Ins All???"

## Verständigungsprobleme I

Eine Frau möchte nach Berlin einchecken und
steht mit beladenem Gepäckwagen vor dem
Desk.
Nachdem sie ihren Koffer aufgegeben hat, fragt
Marianne: "Haben Sie noch weiteres Gepäck zum
Aufgeben dabei?"

Die Frau zeigt auf ihren Bordcase und antwortet, diesen mit in die Kabine nehmen zu wollen. Marianne bittet die Dame: "Stellen Sie mir doch den Trolley einmal auf die Waage!" -

"Wie bitte??? Das mußte ich bisher noch nie in den 20 Jahren, die ich schon durch die Welt fliege..."

Die Kollegin erwidert, dass es durchaus eine gängige Methode und auch Pflicht ist, das Gewicht der Trolleys zu überprüfen, woraufhin die Frau kopfschüttelnd anfängt, den *Gepäckwagen* auf die Waage zu hieven....

(Eine andere Kollegin berichtete übrigens von einer Dame, die nach der Aufforderung, "das Gepäck draufzulegen", den 20kg schweren Koffer ganz oben *auf* den Abfertigungsschalter wuchtete und sich dann wunderte, dass alle Kollegen und Mitreisenden vor Lachen zusammenbrachen.)

## Verständigungsprobleme II

Ein ankommender asiatischer Fluggast erscheint
am Informationsschalter:
"I wahnt to goh to Lohma!"

Daraufhin sucht ihm Eva eine Zug- und
Busverbindung zum nahegelegenen Ort Lohmar
heraus mit dem Hinweis, er könne sich auch für
diese kurze Entfernung ein Taxi nehmen.

Der Herr bedankt sich und erscheint wenige Minuten später wieder mit einem Weltatlas, den er
sich aus der benachbarten Buchhandlung besorgt
hat. Hektisch schlägt er eine Seite auf, pocht mit
dem Finger immer wieder auf eine bestimmte
Stelle und ruft:

"Lohma, Lohma!!"

Eva kringelt sich vor Lachen und antwortet:
"Ach so, Sie möchten nach ROM?!?"

## Der Schaden

In der Gepäckermittlung erscheint ein gerade aus
Spanien eingetroffener Urlauber mit einem total
verbeulten Gepäckstück am Schalter und sagt:
„Guten Tag, junge Frau. Ich habe einen Schaden.
Können Sie mir helfen?"
Lina antwortet trocken: „Tut mir leid, für psychi-
sche Belange sind wir leider nicht zuständig!"


.... obwohl....nach all den Erfahrungen am
Flughafen spart man sich eigentlich das
Psychologiestudium und könnte theoretisch eine
Praxis eröffnen...

**IV**
**LETZTER ABRUF (final announcement)**

Werte Damen und Herren,

wir sind nun am Ende unserer Bildungsreise und unseres Lateins angekommen.
Bitte vergessen Sie alles, was hier erzählt worden ist und denken Sie weiterhin positiv!
Wir danken für Ihre Geduld während des Lesens und hoffen, Sie bald wieder einmal in KölnBonn begrüßen zu dürfen!


Ladies and Gentlemen,

We are at the verge of a nervous breakdown now and do not think there´s anything more to add...
Pls dsrgd all info n rmn pos stp thx 4 pati and c u in cgn stp
(Please disregard all information and remain positive. Thank you for your patience and see you soon in CologneBonn!)


Vielen Dank und Auf Wiedersehen!

P.S.
Ebenfalls vielen Dank an die Firma Alltours für die freundliche Genehmigung der Namensnennung auf Seite 86!